DIESES BUCH GEHÖRT:

MEIN FOTO

NAME Liam

SPITZNAME Räuba

GEBURTSTAG 29. Mai

STERNZEICHEN Zwellen

STRASSE Wagna Straße

WOHNORT Düsseldorf

TELEFON 0211384 9240

HANDY 0163960 0709

E-MAIL

SCHULE Max Schule

KLASSE

MEIN FOTO

NAME
_____

SPITZNAME
_____

GEBURTSTAG
_____

STERNZEICHEN
_____

TELEFON
_____

LIEBLINGSFARBE
_____

LIEBLINGSTIER
_____

LIEBLINGSSTAR
_____

LIEBLINGSBERUF
_____

LIEBLINGSBUCH
_____

LIEBLINGSFILM
_____

LIEBLINGSESSEN
_____

LIEBLINGSMUSIK
_____

LIEBLINGSHOBBY
_____

WAS ICH COOL FINDE

WAS ICH BLÖD FINDE

MEIN BESTER SPRUCH

WAS ICH NOCH LOSWERDEN WILL

MEIN FOTO

NAME
_____

SPITZNAME
_____

GEBURTSTAG
_____

STERNZEICHEN
_____

TELEFON
_____

LIEBLINGSFARBE
_____

LIEBLINGSTIER
_____

LIEBLINGSSTAR
_____

LIEBLINGSBERUF
_____

LIEBLINGSBUCH
_____

LIEBLINGSFILM
_____

LIEBLINGSESSEN
_____

LIEBLINGSMUSIK
_____

LIEBLINGSHOBBY
_____

WAS ICH COOL FINDE

_____

_____

_____

WAS ICH BLÖD FINDE

_____

_____

_____

MEIN BESTER SPRUCH

_____

_____

WAS ICH NOCH LOSWERDEN WILL

_____

_____

_____

_____

_____

MEIN FOTO

NAME
_____

SPITZNAME
_____

GEBURTSTAG
_____

STERNZEICHEN
_____

TELEFON
_____

LIEBLINGSFARBE
_____

LIEBLINGSTIER
_____

LIEBLINGSSTAR
_____

LIEBLINGSBERUF
_____

LIEBLINGSBUCH
_____

LIEBLINGSFILM
_____

LIEBLINGSESSEN
_____

LIEBLINGSMUSIK
_____

LIEBLINGSHOBBY
_____

WAS ICH COOL FINDE

_____

_____

_____

WAS ICH BLÖD FINDE

_____

_____

_____

MEIN BESTER SPRUCH

_____

_____

WAS ICH NOCH LOSWERDEN WILL

_____

_____

_____

_____

_____

MEIN FOTO

NAME

SPITZNAME

GEBURTSTAG

STERNZEICHEN

TELEFON

LIEBLINGSFARBE

LIEBLINGSTIER

LIEBLINGSSTAR

LIEBLINGSBERUF

LIEBLINGSBUCH

LIEBLINGSFILM

LIEBLINGSESSEN

LIEBLINGSMUSIK

LIEBLINGSHOBBY

WAS ICH COOL FINDE

_____

_____

_____

WAS ICH BLÖD FINDE

_____

_____

_____

MEIN BESTER SPRUCH

_____

_____

WAS ICH NOCH LOSWERDEN WILL

_____

_____

_____

_____

MEIN FOTO

NAME

SPITZNAME

GEBURTSTAG

STERNZEICHEN

TELEFON

LIEBLINGSFARBE

LIEBLINGSTIER

LIEBLINGSSTAR

LIEBLINGSBERUF

LIEBLINGSBUCH

LIEBLINGSFILM

LIEBLINGSESSEN

LIEBLINGSMUSIK

LIEBLINGSHOBBY

WAS ICH COOL FINDE

_____

_____

_____

WAS ICH BLÖD FINDE

_____

_____

_____

MEIN BESTER SPRUCH

_____

_____

WAS ICH NOCH LOSWERDEN WILL

_____

_____

_____

_____

_____

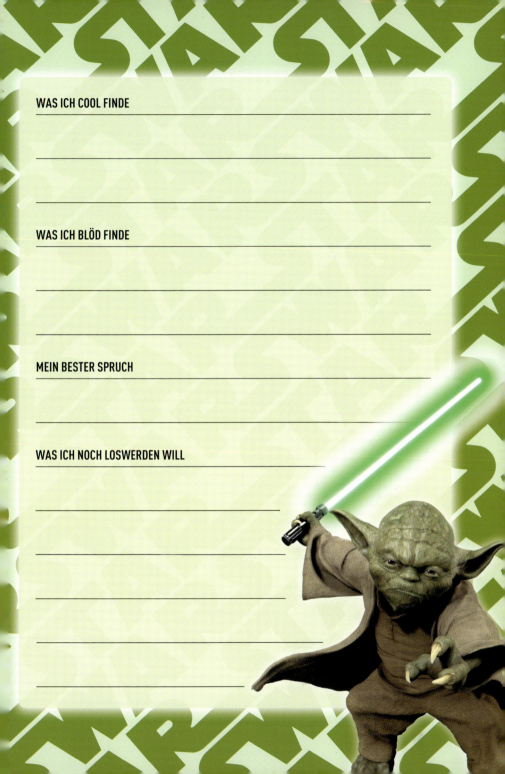

MEIN FOTO

NAME

SPITZNAME

GEBURTSTAG

STERNZEICHEN

TELEFON

LIEBLINGSFARBE

LIEBLINGSTIER

LIEBLINGSSTAR

LIEBLINGSBERUF

LIEBLINGSBUCH

LIEBLINGSFILM

LIEBLINGSESSEN

LIEBLINGSMUSIK

LIEBLINGSHOBBY

WAS ICH COOL FINDE

_____

_____

_____

WAS ICH BLÖD FINDE

_____

_____

_____

MEIN BESTER SPRUCH

_____

_____

WAS ICH NOCH LOSWERDEN WILL

_____

_____

_____

_____

_____

MEIN FOTO

NAME

SPITZNAME

GEBURTSTAG

STERNZEICHEN

TELEFON

LIEBLINGSFARBE

LIEBLINGSTIER

LIEBLINGSSTAR

LIEBLINGSBERUF

LIEBLINGSBUCH

LIEBLINGSFILM

LIEBLINGSESSEN

LIEBLINGSMUSIK

LIEBLINGSHOBBY

WAS ICH COOL FINDE

_____

_____

_____

WAS ICH BLÖD FINDE

_____

_____

_____

MEIN BESTER SPRUCH

_____

_____

WAS ICH NOCH LOSWERDEN WILL

_____

_____

_____

_____

MEIN FOTO

NAME

SPITZNAME

GEBURTSTAG

STERNZEICHEN

TELEFON

LIEBLINGSFARBE

LIEBLINGSTIER

LIEBLINGSSTAR

LIEBLINGSBERUF

LIEBLINGSBUCH

LIEBLINGSFILM

LIEBLINGSESSEN

LIEBLINGSMUSIK

LIEBLINGSHOBBY

WAS ICH COOL FINDE

_____

_____

_____

WAS ICH BLÖD FINDE

_____

_____

_____

MEIN BESTER SPRUCH

_____

_____

WAS ICH NOCH LOSWERDEN WILL

_____

_____

_____

_____

_____

MEIN FOTO

NAME

SPITZNAME

GEBURTSTAG

STERNZEICHEN

TELEFON

LIEBLINGSFARBE

LIEBLINGSTIER

LIEBLINGSSTAR

LIEBLINGSBERUF

LIEBLINGSBUCH

LIEBLINGSFILM

LIEBLINGSESSEN

LIEBLINGSMUSIK

LIEBLINGSHOBBY

WAS ICH COOL FINDE

_____

_____

_____

WAS ICH BLÖD FINDE

_____

_____

_____

MEIN BESTER SPRUCH

_____

_____

WAS ICH NOCH LOSWERDEN WILL

_____

_____

_____

_____

MEIN FOTO

NAME

SPITZNAME

GEBURTSTAG

STERNZEICHEN

TELEFON

LIEBLINGSFARBE

LIEBLINGSTIER

LIEBLINGSSTAR

LIEBLINGSBERUF

LIEBLINGSBUCH

LIEBLINGSFILM

LIEBLINGSESSEN

LIEBLINGSMUSIK

LIEBLINGSHOBBY

WAS ICH COOL FINDE

_____

_____

WAS ICH BLÖD FINDE

_____

_____

MEIN BESTER SPRUCH

_____

WAS ICH NOCH LOSWERDEN WILL

_____

_____

_____

_____

MEIN FOTO

NAME
_____

SPITZNAME
_____

GEBURTSTAG
_____

STERNZEICHEN
_____

TELEFON
_____

LIEBLINGSFARBE
_____

LIEBLINGSTIER
_____

LIEBLINGSSTAR
_____

LIEBLINGSBERUF
_____

LIEBLINGSBUCH
_____

LIEBLINGSFILM
_____

LIEBLINGSESSEN
_____

LIEBLINGSMUSIK
_____

LIEBLINGSHOBBY
_____

WAS ICH COOL FINDE
_____

_____

_____

WAS ICH BLÖD FINDE
_____

_____

_____

MEIN BESTER SPRUCH
_____

_____

WAS ICH NOCH LOSWERDEN WILL
_____

_____

_____

_____

MEIN FOTO

NAME
_____

SPITZNAME
_____

GEBURTSTAG
_____

STERNZEICHEN
_____

TELEFON
_____

LIEBLINGSFARBE
_____

LIEBLINGSTIER
_____

LIEBLINGSSTAR
_____

LIEBLINGSBERUF
_____

LIEBLINGSBUCH
_____

LIEBLINGSFILM
_____

LIEBLINGSESSEN
_____

LIEBLINGSMUSIK
_____

LIEBLINGSHOBBY
_____

WAS ICH COOL FINDE
_____
_____
_____

WAS ICH BLÖD FINDE
_____
_____
_____

MEIN BESTER SPRUCH
_____
_____

WAS ICH NOCH LOSWERDEN WILL
_____
_____
_____
_____
_____

MEIN FOTO

NAME _____

SPITZNAME _____

GEBURTSTAG _____

STERNZEICHEN _____

TELEFON _____

LIEBLINGSFARBE _____

LIEBLINGSTIER _____

LIEBLINGSSTAR _____

LIEBLINGSBERUF _____

LIEBLINGSBUCH _____

LIEBLINGSFILM _____

LIEBLINGSESSEN _____

LIEBLINGSMUSIK _____

LIEBLINGSHOBBY _____

WAS ICH COOL FINDE

_____

_____

_____

WAS ICH BLÖD FINDE

_____

_____

_____

MEIN BESTER SPRUCH

_____

_____

WAS ICH NOCH LOSWERDEN WILL

_____

_____

_____

_____

_____

MEIN FOTO

NAME

SPITZNAME

GEBURTSTAG

STERNZEICHEN

TELEFON

LIEBLINGSFARBE

LIEBLINGSTIER

LIEBLINGSSTAR

LIEBLINGSBERUF

LIEBLINGSBUCH

LIEBLINGSFILM

LIEBLINGSESSEN

LIEBLINGSMUSIK

LIEBLINGSHOBBY

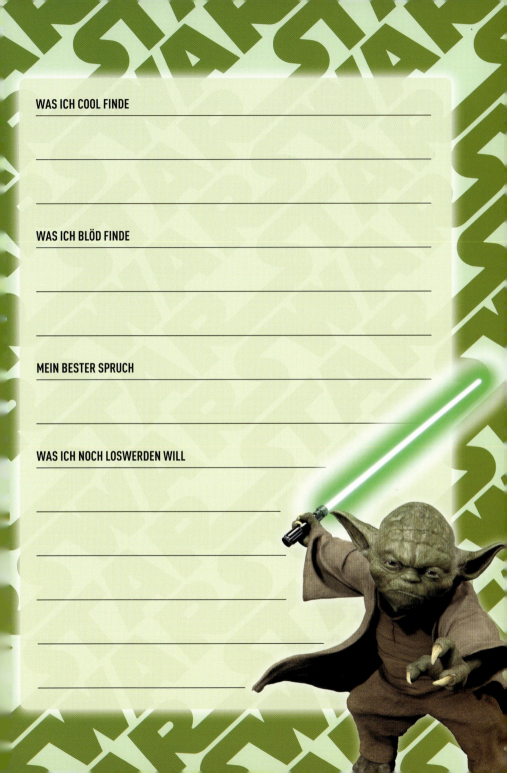

WAS ICH COOL FINDE

WAS ICH BLÖD FINDE

MEIN BESTER SPRUCH

WAS ICH NOCH LOSWERDEN WILL

NAME

SPITZNAME

GEBURTSTAG

STERNZEICHEN

TELEFON

LIEBLINGSFARBE

LIEBLINGSTIER

LIEBLINGSSTAR

LIEBLINGSBERUF

LIEBLINGSBUCH

LIEBLINGSFILM

LIEBLINGSESSEN

LIEBLINGSMUSIK

LIEBLINGSHOBBY

WAS ICH COOL FINDE
_____

_____

_____

WAS ICH BLÖD FINDE
_____

_____

_____

MEIN BESTER SPRUCH
_____

_____

WAS ICH NOCH LOSWERDEN WILL
_____

_____

_____

_____

MEIN FOTO

NAME

SPITZNAME

GEBURTSTAG

STERNZEICHEN

TELEFON

LIEBLINGSFARBE

LIEBLINGSTIER

LIEBLINGSSTAR

LIEBLINGSBERUF

LIEBLINGSBUCH

LIEBLINGSFILM

LIEBLINGSESSEN

LIEBLINGSMUSIK

LIEBLINGSHOBBY

WAS ICH COOL FINDE

_____

_____

_____

WAS ICH BLÖD FINDE

_____

_____

_____

MEIN BESTER SPRUCH

_____

_____

WAS ICH NOCH LOSWERDEN WILL

_____

_____

_____

_____

_____

MEIN FOTO

NAME

SPITZNAME

GEBURTSTAG

STERNZEICHEN

TELEFON

LIEBLINGSFARBE

LIEBLINGSTIER

LIEBLINGSSTAR

LIEBLINGSBERUF

LIEBLINGSBUCH

LIEBLINGSFILM

LIEBLINGSESSEN

LIEBLINGSMUSIK

LIEBLINGSHOBBY

WAS ICH COOL FINDE

_____

_____

_____

WAS ICH BLÖD FINDE

_____

_____

_____

MEIN BESTER SPRUCH

_____

_____

WAS ICH NOCH LOSWERDEN WILL

_____

_____

_____

_____

_____

MEIN FOTO

NAME _____

SPITZNAME _____

GEBURTSTAG _____

STERNZEICHEN _____

TELEFON _____

LIEBLINGSFARBE _____

LIEBLINGSTIER _____

LIEBLINGSSTAR _____

LIEBLINGSBERUF _____

LIEBLINGSBUCH _____

LIEBLINGSFILM _____

LIEBLINGSESSEN _____

LIEBLINGSMUSIK _____

LIEBLINGSHOBBY _____

WAS ICH COOL FINDE

_____

_____

_____

WAS ICH BLÖD FINDE

_____

_____

_____

MEIN BESTER SPRUCH

_____

_____

WAS ICH NOCH LOSWERDEN WILL

_____

_____

_____

_____

MEIN FOTO

NAME _____

SPITZNAME _____

GEBURTSTAG _____

STERNZEICHEN _____

TELEFON _____

LIEBLINGSFARBE _____

LIEBLINGSTIER _____

LIEBLINGSSTAR _____

LIEBLINGSBERUF _____

LIEBLINGSBUCH _____

LIEBLINGSFILM _____

LIEBLINGSESSEN _____

LIEBLINGSMUSIK _____

LIEBLINGSHOBBY _____

WAS ICH COOL FINDE

_____

_____

_____

WAS ICH BLÖD FINDE

_____

_____

_____

MEIN BESTER SPRUCH

_____

_____

WAS ICH NOCH LOSWERDEN WILL

_____

_____

_____

_____

MEIN FOTO

NAME

SPITZNAME

GEBURTSTAG

STERNZEICHEN

TELEFON

LIEBLINGSFARBE

LIEBLINGSTIER

LIEBLINGSSTAR

LIEBLINGSBERUF

LIEBLINGSBUCH

LIEBLINGSFILM

LIEBLINGSESSEN

LIEBLINGSMUSIK

LIEBLINGSHOBBY

WAS ICH COOL FINDE

_____

_____

_____

WAS ICH BLÖD FINDE

_____

_____

_____

MEIN BESTER SPRUCH

_____

_____

WAS ICH NOCH LOSWERDEN WILL

_____

_____

_____

_____

MEIN FOTO

NAME

SPITZNAME

GEBURTSTAG

STERNZEICHEN

TELEFON

LIEBLINGSFARBE

LIEBLINGSTIER

LIEBLINGSSTAR

LIEBLINGSBERUF

LIEBLINGSBUCH

LIEBLINGSFILM

LIEBLINGSESSEN

LIEBLINGSMUSIK

LIEBLINGSHOBBY

WAS ICH COOL FINDE

_____

_____

_____

WAS ICH BLÖD FINDE

_____

_____

_____

MEIN BESTER SPRUCH

_____

_____

WAS ICH NOCH LOSWERDEN WILL

_____

_____

_____

_____

_____

MEIN FOTO

NAME

SPITZNAME

GEBURTSTAG

STERNZEICHEN

TELEFON

LIEBLINGSFARBE

LIEBLINGSTIER

LIEBLINGSSTAR

LIEBLINGSBERUF

LIEBLINGSBUCH

LIEBLINGSFILM

LIEBLINGSESSEN

LIEBLINGSMUSIK

LIEBLINGSHOBBY

WAS ICH COOL FINDE

_____

_____

_____

WAS ICH BLÖD FINDE

_____

_____

MEIN BESTER SPRUCH

_____

_____

WAS ICH NOCH LOSWERDEN WILL

_____

_____

_____

_____

MEIN FOTO

NAME

SPITZNAME

GEBURTSTAG

STERNZEICHEN

TELEFON

LIEBLINGSFARBE

LIEBLINGSTIER

LIEBLINGSSTAR

LIEBLINGSBERUF

LIEBLINGSBUCH

LIEBLINGSFILM

LIEBLINGSESSEN

LIEBLINGSMUSIK

LIEBLINGSHOBBY

WAS ICH COOL FINDE

_____

_____

_____

WAS ICH BLÖD FINDE

_____

_____

_____

MEIN BESTER SPRUCH

_____

_____

WAS ICH NOCH LOSWERDEN WILL

_____

_____

_____

_____

_____

MEIN FOTO

NAME

SPITZNAME

GEBURTSTAG

STERNZEICHEN

TELEFON

LIEBLINGSFARBE

LIEBLINGSTIER

LIEBLINGSSTAR

LIEBLINGSBERUF

LIEBLINGSBUCH

LIEBLINGSFILM

LIEBLINGSESSEN

LIEBLINGSMUSIK

LIEBLINGSHOBBY

WAS ICH COOL FINDE

_____

_____

_____

WAS ICH BLÖD FINDE

_____

_____

_____

MEIN BESTER SPRUCH

_____

WAS ICH NOCH LOSWERDEN WILL

_____

_____

_____

_____

MEIN FOTO

NAME

SPITZNAME

GEBURTSTAG

STERNZEICHEN

TELEFON

LIEBLINGSFARBE

LIEBLINGSTIER

LIEBLINGSSTAR

LIEBLINGSBERUF

LIEBLINGSBUCH

LIEBLINGSFILM

LIEBLINGSESSEN

LIEBLINGSMUSIK

LIEBLINGSHOBBY

WAS ICH COOL FINDE

_____

_____

WAS ICH BLÖD FINDE

_____

_____

MEIN BESTER SPRUCH

_____

WAS ICH NOCH LOSWERDEN WILL

_____

_____

_____

_____

MEIN FOTO

NAME

SPITZNAME

GEBURTSTAG

STERNZEICHEN

TELEFON

LIEBLINGSFARBE

LIEBLINGSTIER

LIEBLINGSSTAR

LIEBLINGSBERUF

LIEBLINGSBUCH

LIEBLINGSFILM

LIEBLINGSESSEN

LIEBLINGSMUSIK

LIEBLINGSHOBBY

WAS ICH COOL FINDE

_____

_____

_____

WAS ICH BLÖD FINDE

_____

_____

_____

MEIN BESTER SPRUCH

_____

_____

WAS ICH NOCH LOSWERDEN WILL

_____

_____

_____

_____

MEIN FOTO

NAME

SPITZNAME

GEBURTSTAG

STERNZEICHEN

TELEFON

LIEBLINGSFARBE

LIEBLINGSTIER

LIEBLINGSSTAR

LIEBLINGSBERUF

LIEBLINGSBUCH

LIEBLINGSFILM

LIEBLINGSESSEN

LIEBLINGSMUSIK

LIEBLINGSHOBBY

WAS ICH COOL FINDE

_____

_____

_____

WAS ICH BLÖD FINDE

_____

_____

_____

MEIN BESTER SPRUCH

_____

_____

WAS ICH NOCH LOSWERDEN WILL

_____

_____

_____

_____

NAME

SPITZNAME

GEBURTSTAG

STERNZEICHEN

TELEFON

LIEBLINGSFARBE

LIEBLINGSTIER

LIEBLINGSSTAR

LIEBLINGSBERUF

LIEBLINGSBUCH

LIEBLINGSFILM

LIEBLINGSESSEN

LIEBLINGSMUSIK

LIEBLINGSHOBBY

WAS ICH COOL FINDE

_____

_____

_____

WAS ICH BLÖD FINDE

_____

_____

_____

MEIN BESTER SPRUCH

_____

_____

WAS ICH NOCH LOSWERDEN WILL

_____

_____

_____

_____

_____